Paramahansa Jogananda
(1893 – 1952)

Związek guru-uczeń

Śri Mrinalini Mata

Tytuł oryginału w języku angielskim wydanego przez
Self-Realization Fellowship, Los Angeles (Kalifornia):

The Guru-Disciple Relationship

ISBN: 978-0-87612-360-7

Przekład na język polski: Self-Realization Fellowship

Copyright © 2023 Self-Realization Fellowship

Wszelkie prawa zastrzeżone. Z wyjątkiem krótkich cytatów w recenzjach, żadna część broszury *Związek guru-uczeń (The Guru-Disciple Relationship)* nie może być powielana, przechowywana, przesyłana ani rozpowszechniana w jakiejkolwiek formie, ani za pomocą jakichkolwiek środków (elektronicznych, mechanicznych lub innych) dostępnych obecnie lub w przyszłości – włącznie z systemem kopiowania, nagrywania lub jakimkolwiek innym, który umożliwia przechowywanie i odtwarzanie informacji – bez uprzedniej pisemnej zgody Self-Realization Fellowship, 3880 San Rafael Avenue, Los Angeles, California 90065-3219, USA.

 Wydanie autoryzowane przez International Publications Council of *Self-Realization Fellowship*

Nazwa i emblemat *Self-Realization Fellowship* (widoczny powyżej) widnieją na wszystkich książkach, nagraniach oraz innych publikacjach wydanych przez SRF i upewniają czytelnika, że są to oryginalne prace organizacji założonej przez Paramahansę Joganandę i że wiernie przekazują jego nauki.

Pierwsze wydanie w języku polskim, 2023
First edition in Polish, 2023
To wydanie, 2023
This printing, 2023

ISBN: 978-1-68568-123-4

1150-J07809

– ◆ –

Istnieje Moc, która oświetli ci
drogę do zdrowia, szczęścia, pokoju i sukcesu,
jeśli tylko zwrócisz się ku temu Światłu.

– Paramahansa Jogananda

– ◆ –

Związek guru-uczeń

Śri Mrinalini Mata

Przemówienie wygłoszone podczas pięćdziesiątej rocznicy konwokacji Self-Realization Fellowship w Los Angeles, 7 lipca 1970 roku

Bóg posłał nas na ten świat, abyśmy odegrali boski dramat. Jako zindywidualizowane obrazy Samego Pana, nasze życie ma szczególny cel: uczyć się, i poprzez naukę wzrastać, a poprzez ciągły wzrost, ostatecznie wyrazić naszą prawdziwą naturę i powrócić do stanu jedności z Bogiem.

Kiedy zaczynamy naszą ziemską przygodę jako dusze niemowląt, najpierw zdobywamy wiedzę poprzez doświadczenie prób i błędów. Podejmujemy jakieś działanie i jeżeli przynosi to dobre rezultaty, powtarzamy to działanie. Ale jeżeli zrobimy coś, co przynosi nam ból, staramy się w przyszłości tego unikać.

Następnie na przykładzie innych uczymy się odnosić zyski. Obserwujemy zachowanie naszej rodziny, przyjaciół, ludzi w naszej społeczności i czerpiemy korzyści z analizy ich błędów i sukcesów.

Nasze doświadczenia prowadzą nas coraz dalej w poszukiwaniu głębszego zrozumienia naszego ziemskiego życia, aż nadejdzie czas dla każdego z nas, kiedy zaczynamy szczerze szukać Prawdy. Człowiek, którego świadomość rozwinęła się do tego punktu, pyta siebie: „Czym jest życie?", „Kim ja jestem?", „Skąd przyszedłem?". A Pan odpowiada takiemu poszukiwaczowi, pokazując mu nauczyciela lub religijne czy filozoficzne książki, które zaspakajają wstępnie jego pragnienie zrozumienia. Przyswajając sobie wiedzę innych, rozwija się jego zrozumienie, a jego duchowy wzrost jest przyspieszony. Przybliża się nieco do Prawdy, do Boga.

Wreszcie, nawet ta wiedza staje się niewystarczająca. Zaczyna on tęsknić za osobistym urzeczywistnieniem Prawdy. Dusza w nim skłania go do myślenia: „Z pewnością ten świat nie jest moim domem! Z pewnością nie jestem tylko tym fizycznym ciałem; to może być tylko tymczasowa klatka. W tym życiu musi być coś więcej, niż to, co dostrzegają zmysły, coś co istnieje poza grobem. Czytałem o Prawdzie, słyszałem o Prawdzie. Teraz muszę wiedzieć!".

Aby odpowiedzieć na bolesny płacz swego dziecka, współczujący Pan posyła oświeconego nauczyciela, takiego który urzeczywistnił Jaźń i wie, że Jaźń jest Duchem – prawdziwego guru. Życie takiego guru jest nieograniczoną ekspresją boskości.

Definicja prawdziwego guru

Swami Śankara[1] opisał guru w następujący sposób: „Nie ma prawdziwego porównania w trzech światach dla prawdziwego guru. Jeżeli kamień filozoficzny zostanie naprawdę uznany za jako taki, to może on tylko zamienić żelazo w złoto, ale nie w inny kamień filozoficzny. Natomiast otoczony czcią guru tworzy w uczniu, który schroni się u jego stóp, równość z samym sobą. Guru jest zatem niezrównany, żeby nie powiedzieć, transcendentalny".

Paramahansa Jogananda, guru i założyciel Self-Realization Fellowship, powiedział: „Guru jest przebudzonym Bogiem, budzącym śpiącego Boga w uczniu. Wypełniony współczuciem i mający głęboką wizję, prawdziwy guru dostrzega Samego Pana cierpiącego w biednych fizycznie, umysłowo i duchowo ludziach. Dlatego też czuje, że jego radosnym obowiązkiem jest im pomagać. Próbuje on nakarmić głodnego Boga w nędzarzu, poruszyć śpiącego Boga w człowieku zacofanym, pokochać nieświadomego Boga we wrogu i obudzić na wpół przebudzonego Boga w tęskniącym wielbicielu. Poprzez delikatny dotyk miłości budzi w jednej chwili prawie całkowicie przebudzonego Boga w zaawansowanym poszukiwaczu. Spośród wszystkich ludzi, guru jest najlepszym z darczyńców. Podobnie jak Sam Pan, jego szczodrość nie zna granic".

---

1 Największy filozof Indii. Reorganizator starożytnego Zakonu Swamich w Indiach (w VIII lub na początku IX wieku naszej ery); swami Śankara był rzadkim połączeniem świętego, uczonego i człowieka czynu.

Paramahansa Jogananda opisał w ten sposób nieskończone zrozumienie, nieskończoną miłość, wszechobecną i wszechogarniającą świadomość prawdziwego guru. Ci ćele (uczniowie), którzy mieli przywilej poznać Paramahansę dźi[2], widzieli w nim te cechy doskonale objawione.

Związek guru-uczeń

Ten stworzony przez Boga wszechświat działa według prawa kosmicznego, a związek między guru i uczniem jest zakorzeniony w tym prawie. Jest ustanowione przez Boga, że osoba, która szuka Boga, będzie Mu przedstawiona przez prawdziwego guru. Kiedy wielbiciel szczerze pragnie poznać Boga, guru przyjdzie. Tylko ktoś, kto zna Boga może obiecać: „Przedstawię cię Jemu". Prawdziwy guru już znalazł drogę do Boga; dlatego może powiedzieć do *ćeli*: „Weź mnie za rękę. Pokażę ci drogę".

Związek między guru i uczniem obejmuje dyscyplinę oraz zasady właściwego działania, których uczeń musi przestrzegać, żeby przygotować się na spotkanie z Bogiem. Kiedy uczeń z pomocą guru udoskonali się, boskie prawo będzie wypełnione, a guru przedstawi go Bogu.

Lojalność wobec guru i jego nauk

Pierwszą zasadą przymierza między guru i *ćelą* jest lojalność. Ego, świadomość i samozadowolenie małego „ja" jest tą rzeczą, która trzyma nas z dala od Boga. Odrzuć

---

2 „dźi" to pełne szacunku słowo dodawane do imion i tytułów w Indiach.

ego, a w tym samym momencie zdasz sobie sprawę, że jesteś, zawsze byłeś i będziesz jednym z Bogiem. Ego jest chmurą iluzji otaczającą duszę. Chmura ta zasłania i rozprasza czystą świadomość duszy niekończącymi się błędnymi przekonaniami o naturze siebie i świata. Jednym ze skutków złudzenia ego jest zmienność. Jako że prawdziwy poszukiwacz zaczyna przejawiać boskie cechy duszy, odrzuca on zwodnicze tendencje ludzkiej natury i staje się lojalną i wyrozumiałą osobą.

Lojalność wobec guru jest jednym z najważniejszych etapów dyscypliny. Większość ludzkich istot nie udoskonaliła się w lojalności nawet względem własnego ciała i krwi, lub męża, żony czy przyjaciela. To dlatego pojęcie lojalności nie jest właściwie rozumiane. Żeby być prawdziwym uczniem, *ćela* musi być lojalny wobec posłanego przez Boga guru: musi przestrzegać wiernie i z determinacją jego nauk.

Lojalność nie jest ciasnotą. Serce, które jest wierne Bogu i Jego przedstawicielowi jest wspaniałomyślne, wyrozumiałe i współczujące wobec wszystkich istot. Mającześrodkowaną uwagę na bezwarunkowej lojalności wobec własnego guru i jego nauk, uczeń widzi we właściwej perspektywie wszystkie inne przejawy Prawdy, darząc je właściwym uznaniem i podziwem.

Paramahansa dźi mówił na ten temat wiele razy. Mówił: „Wiele osób martwi się, że stanie się ludźmi o ciasnych umysłach zanim jeszcze nauczyły się dostrzegać czym jest równowaga w życiu. Powierzchowni poszukiwacze w swoim pragnieniu, aby jawić się jako osoby o otwartych umysłach, bezmyślnie wchłaniają różne opinie bez oddzielania sedna prawdy w nich zawartych, co można zrobić tylko poprzez duchową realizację. Efektem tego jest duchowo słaba, rozwodniona świadomość. Chociaż traktuję z miłością wszystkie prawdziwe religijne ścieżki i wszystkich prawdziwych duchowych nauczycieli, widzicie, że ja jestem wierny swojej ścieżce i swojemu guru".

„Wszystkie prawdziwe religie prowadzą do Boga", mawiał on. „Szukaj, aż znajdziesz duchową naukę, która cię przyciągnie i da twojemu sercu pełną satysfakcję; a kiedy ją znajdziesz, niech nic cię już więcej nie zwodzi. Skup całą swoją uwagę na tej ścieżce. Połóż całą swoją świadomość na niej, a przyjdą wyniki, których szukasz.

Mówiąc o lojalności, Gurudewa[3] Paramahansa dźi czasami robił następujące porównanie: „Jeżeli jesteś chory, idziesz do lekarza, a on daje ci lekarstwo, które ma cię uleczyć. Bierzesz to lekarstwo do domu i stosujesz je według jego zaleceń. Kiedy twoi przyjaciele przychodzą, aby cię odwiedzić i dowiadują się o naturze twojej choroby, każdy z nich prawdopodobnie wykrzyknie: «Och, wiem wszystko o tej chorobie! Z pewnością musisz spróbować takiego a takiego sposobu». Jeżeli dziesięć osób da ci dziesięć różnych rad i wszystkie je zastosujesz, twoje szanse na

---

3 „Boski nauczyciel", zwyczajowe sanskryckie określenie duchowego nauczyciela.

wyzdrowienie będą wątpliwe. Ta sama zasada leży u podstaw znaczenia wierności wobec zaleceń guru. Nie mieszaj duchowych ścieżek".

Boska lojalność oznacza zebranie całej rozproszonej uwagi, uczucia i wysiłku i skupieniu ich wyłącznie na celu duchowym. Wierny uczeń szybko przemierza drogę do Boga. Paramahansa dźi wyjaśnił czym jest rola guru w następujący sposób: „Mogę ci bardziej pomóc, jeśli nie będziesz osłabiał swoich sił. Dostrojenie się do guru następuje poprzez stuprocentową lojalność wobec niego, jak również wobec jego współpracowników i ich działalności: przez chętne posłuszeństwo dla jego wskazówek (czy to ustnych czy pisemnych), przez wizualizowanie go w duchowym oku; oraz przez bezwarunkowe oddanie się jemu. […] W duszach tych uczniów, którzy są z nim zestrojeni, guru może wznieść świątynię Boga". Tylko poprzez wierność można skutecznie skupić wysiłki na poszukiwaniu Boga. Świadomość wiernego ucznia staje się magnetyzowana boską miłością i nieodparcie przyciągana jest do Boga.

Posłuszeństwo rozwija zdolność do rozróżniania

Posłuszeństwo, czyli poddanie się przewodnictwu guru, jest jeszcze jedną z podstawowych zasad związku między guru i uczniem. Skąd ten boski imperatyw? Człowiek musi się nauczyć posłuszeństwa wobec wyższej mądrości po to, aby uporać się z problemem ego i złudzeń, które ego produkuje. Poprzez niezliczone wcielenia – od czasu, kiedy byliśmy pogrążeni w całkowitej niewiedzy – ego miało swój sens. Poprzez emocje i przywiązania zmysłowe ego narzucało nam nasze zachowanie, poglądy, nasze upodobania i preferencje. Ego zniewala wolę i wiąże świadomość z ograniczoną ludzką formą. Zmienne nastroje, fale emocji, ciągle zmieniające się upodobania i antypatie nieustannie nękają świadomość człowieka, wywołując takie czy inne uczucia. To, co lubi on dzisiaj, następnego dnia może wydawać się mu mniej atrakcyjne, więc rusza w pogoń za jeszcze czymś innym. Ten nieokreślony stan świadomości sprawia, że człowiek jest ślepy na postrzeganie prawdy.

Podstawowym warunkiem bycia *celą* jest zdolność do naginania swojej niezdyscyplinowanej i kapryśnej woli do posłuszeństwa wobec mądrości guru – do zrezygnowania ze swojej woli skupionej na ego i poddaniu się bosko dostrojonej woli guru. Uczeń, który to robi, łamie potężny uścisk ograniczającego ego. Kiedy Paramahansa dźi jako uczeń wszedł do aśramu swamiego Śri Jukteśwara, jego Guru niemal natychmiast wypowiedział następującą prośbę: „Pozwól, że nałożę na ciebie dyscyplinę, ponieważ wolność woli nie polega na robieniu rzeczy zgodnych z nakazami prenatalnych i postnatalnych nawyków, czy uleganiu mentalnym zachciankom, ale na postępowaniu zgodnym ze wskazówkami mądrości i wolnego wyboru. Jeśli dostroisz swoją wolę do mojej, odnajdziesz wolność".

Jak uczeń dostraja swoją wolę do woli guru? Każda

duchowa ścieżka ma swoje własne zasady postępowania. *Sadhana* jest indyjskim słowem określającym tę duchową dyscyplinę – co robić, a czego nie robić – sprecyzowaną przez guru jako coś, co jest niezbędne dla *ćeli* poszukującego Boga. Podążając rzetelnie za tymi instrukcjami, na miarę swoich możliwości oraz poprzez ciągły wysiłek, aby zadowolić guru właściwym zachowaniem, uczeń burzy każdą zbudowaną przez ego barierę między swoją wolą, a wolą swojego guru, wyrażoną jego mądrymi nakazami.

W posłuszeństwie wobec swojego guru, uczeń widzi, że jego wola jest stopniowo uwalniana od zniewalających egoistycznych pragnień, zwyczajów i nastrojów. Umysł, wcześniej niespokojny i kapryśny, przestaje być rozproszony i rozwija zdolność do koncentracji. Kiedy staje się właściwie zogniskowany, mentalne postrzeganie ucznia zaczyna się oczyszczać. Zasłony nieporozumień i zamętu znikają jedna po drugiej. Błędy niezliczonych czynów, które wcześniej nie były kwestionowane, choć prowadziły do cierpienia, są nagle obnażone w olśniewającym świetle prawdy. Uczeń teraz wie, co jest słuszne i co jest prawdziwe: potrafi rozróżniać między dobrem i złem. Paramahansa dźi uczył, że tego typu rozróżniające zachowanie to robienie tego, co powinniśmy robić, kiedy powinniśmy to robić.

Żeby odnieść sukces na ścieżce duchowej, wielbiciel Boga musi rozwinąć w sobie umiejętność rozróżniania dobra i zła; w przeciwnym razie jego instynkty, nastroje, zwyczaje i minione emocjonalne skłonności – zbierane przez wcielenia – będą go dalej prowadziły na manowce. Dopóki owa umiejętność rozróżniania nie jest w pełni rozwinięta, posłuszeństwo i oddanie się przewodnictwu guru są dla *ćeli* jedyną nadzieją na zbawienie. To umiejętność rozróżnienia, jaką posiada guru, chroni go. *Bhagawadgita* (IV:36) uczy, że tratwa mądrości przewiezie nawet największych grzeszników przez morze złudzenia. Krocząc ścieżką *sadhany*, zalecaną przez guru, uczeń buduje swoją własną, ratującą życie tratwę mądrości.

Posłuszeństwo ucznia musi być szczere i całkowite. Letnia pobożność i dalsze podążanie za złymi nawykami ego to głupota. Nikt inny, tylko ten, kto oszukuje w wysiłkach na ścieżce duchowej, jest tutaj przegranym.

Gurudewa dał tym *ćelom*, którzy prosili o dyscyplinę dla nich tę prostą radę: „Zawsze się módlcie, aby zadowolić Boga i guru pod każdym względem". Te słowa streszczają całą *sadhanę*. Ale wcielenie tej rady w życie nie jest prostą sprawą. Aby zadowolić Boga i guru, wymagane jest coś więcej niż bierna miłość i uznanie Boga, guru i ścieżki. Nawet wychodząca z serca modlitwa sama w sobie nie wystarcza, żeby zadowolić Boga i guru. Paramahansa dźi często mówił, że nie lubi ludzi wołających: „Chwalcie Boga! Chwalcie Boga!" – jak gdyby Pan był jakąś rozpieszczoną damą, która kocha pochlebstwa. „To nie podoba się Bogu"– mówił. „Bóg płacze za nami i za wszystkimi swoimi dziećmi, które są zagubione i cierpią w ciemności złudzeń".

Bóg i guru chcą dla nas tylko najwyższego dobra: wolności od tego świata szalonych niestałości – zdrowia i choroby, przyjemności i bólu, szczęścia i smutku – i bezpiecznej przystani w coraz to nowej radości niezmiennego Ducha.

Dlatego sposobem na to, aby podobać się Bogu i guru jest właściwe zachowanie. Dzięki niemu umożliwiamy Im udzielenie nam zbawienia. Wytrwanie we właściwym postępowaniu z kolei jest możliwe tylko wtedy, kiedy praktykuje się posłuszeństwo i oddanie się Bogu poprzez guru, który jest Jego przedstawicielem.

Szacunek i pokora wobec przedstawiciela Boga

Na ołtarzach świątyń Self-Realization Fellowship[4] są umieszczone podobizny Jezusa Chrystusa i Bhagawana Kryszny, naszych Paramguru Mahawatara Babadżiego, Lahiri Mahaśaji i Śri Jukteświara, oraz naszego guru Paramahansy Joganandy. W ten sposób wyrażamy szacunek i oddanie tym, którzy są narzędziem Boga w szerzeniu nauk Self-Realization Fellowship na świecie. Szacunek w najwyższej formie to oddanie się innym, jeszcze inny aspekt boskiego prawa, które prowadzi człowieka do duchowej realizacji Boga poprzez związek między guru i uczniem.

Jak niewiele szacunku dla Boga i człowieka jest

---

4 Dosłownie tłumacząc, „Stowarzyszenie Samorealizacji". Paramahansa Jogananda wyjaśnił, że nazwa Self-Realization Fellowship oznacza „wspólnotę z Bogiem poprzez Samorealizację i przyjaźń ze wszystkimi poszukującymi prawdy duszami". Zobacz również Słowniczek.

okazywane dzisiaj! Wielu spośród naszej niespokojnej młodzieży traci szacunek dla mądrości lat, dla porządku społecznego, a w konsekwencji do samych siebie. Kiedy zanika szacunek do samego siebie, rodzi się dekadencja. Prawdziwy szacunek dla samego siebie i innych wyrasta ze zrozumienia naszego boskiego pochodzenia. Ten, kto rozpoznaje siebie jako Jaźń, zindywidualizowaną iskrę z płomienia Ducha, wie również, że każda ludzka istota jest także wyrazem Ducha. Z radością i w podziwie kłania się on Temu, który jest we wszystkich.

Kultywując szacunek dla guru jako przedstawiciela Bożego i dla bliźnich jako obrazów Boga, wielbiciel pomaga sobie wzrastać duchowo. Szacunek do guru rodzi otwartość na Boga poprzez guru, a z tej otwartości przychodzi zrozumienie tego, co jest właściwe i szlachetne, i co prowadzi do oddania się Bogu i guru. Kiedy w końcu ktoś jest w stanie, zarówno w sercu, jak i fizycznie pokłonić się Czemuś, co jest inne niż ego, to ma miejsce transformacja wewnątrz. Ta osoba rozwija w sobie pokorę. Ego jest jak gruby, nieprzenikniony więzienny mur wokół duszy, która jest prawdziwą naturą człowieka; jedyną siłą, która może rozbić ten mur jest pokora.

Jeśli przeczytałeś *Autobiografię jogina,* to pamiętasz, kiedy Lahiri Mahaśaja zobaczył Mahawatara Babadźiego myjącego stopy zwykłemu *sadhu* na Kumbha Mela[5]. Był on zdumiony. „Gurudźi!", wykrzyknął. „Co tu robisz?".

---

5 Jarmark religijny z udziałem tysięcy ascetów i pielgrzymów.

„Myję nogi temu człowiekowi, który wyrzekł się świata", odpowiedział Babadźi, „potem umyję jego naczynia do gotowania. Uczę się najważniejszej z cnót – pokory. Pokora jest tym, co Bogu podoba się najbardziej".

Pokora jest mądrością, która uznaje Tego, który jest większy niż my. Większość ludzkich istot czci siebie i swoje ego. Ale jeżeli zamiast tego uczeń pokłoni się większej Jaźni i guru, który jest boskim narzędziem, a którego uczeń potrzebuje, aby poznać tę Jaźń, nabiera on pokory potrzebnej do zburzenia więziennego muru ego i poczucia nieustannie rozszerzającej się boskiej świadomości wypływającej z owej wyższej Jaźni.

Pokorny człowiek to prawdziwie spokojny człowiek, prawdziwie radosny człowiek. Jest nieporuszony zmiennością ludzkiego zachowania i ludzkiej miłości. Nie czuje się dotknięty niestałością ludzkich znajomości ani przejściowym charakterem pozycji i bezpieczeństwa na tym świecie. Wszystkie myśli o gromadzeniu dla siebie i uwielbianiu samego siebie opuszczają pokornego człowieka i zanikają. Pisma Święte mówią: „Kiedy to «*ja*» umrze, wtedy poznam kim jestem". Kiedy ego odejdzie, dusza – obraz Boga uśpionego w nas – nareszcie jest zdolna się przebudzić i wyrazić siebie. Wtedy wielbiciel przejawia w swoim życiu wszystkie boskie cechy duszy i jest na zawsze uwolniony od niewiedzy *maji*, światowego złudzenia narzuconego na całą ludzkość, która uczestniczy w boskim dramacie stworzenia.

Więc pamiętaj, szacunek rodzi uwielbienie, po czym

następuje pokora. Rozwijając te cechy, wielbiciel zaczyna bieg do Celu jego duchowych poszukiwań.

Jakość wiary

Związek między guru i uczniem udoskonala w *celi* jakość wiary. Świat, w którym żyjemy jest oparty na względności, dlatego jest niestały. Nie wiemy z dnia na dzień, czy nasze ciała będą zdrowe, czy też będą nękane chorobą. Nie wiemy, czy nasi bliscy, którzy są z nami dzisiaj, będą z nami jutro, czy też będą zabrani z tego świata. Nie wiemy, czy pokój jakim się dzisiaj cieszymy, nie zostanie zniszczony jutro. Ta niewiedza stwarza w człowieku wielką niepewność. Dlatego dzisiaj jest tyle chorób psychicznych i tyle niepokoju. Dlatego również człowiek ślepo uzależnia się od dóbr materialnych. Chce lepszego stanowiska, większego znaczenia i sławy, więcej pieniędzy. Chce większego domu, więcej ubrań, nowego samochodu. Wierzy, że wszystkie te rzeczy dają bezpieczeństwo w niepewnym i strasznym świecie. Chwyta się zwykłych przedmiotów i czyni je swoimi bożkami.

Prawdziwa wiara rodzi się z *doświadczenia* prawdy i rzeczywistości, z bezpośredniej wiedzy i pewności istnienia boskich sił podtrzymujących całe stworzenie. Człowiek czuje się niepewny, ponieważ nie ma wiary. Jezus Chrystus powiedział: „Zaprawdę, bowiem, powiadam wam, że jeślibyście mieli wiarę jak ziarno gorczycy i powiedzieli tej górze: przenieś się stąd na tamto miejsce, a się przeniesie; i nic nie będzie dla was niemożliwe." (Mt 17,20).

Nie zaczynamy wyrażać wiary w naszym życiu, ponieważ jest nam trudno nawet uwierzyć w „rzeczy niewidoczne". Faktem jest, że człowiek nie może mieć wiary, dopóki nie doświadczy czegoś w swoim życiu, co go nigdy nie zawiedzie. Związek między guru i uczniem prowadzi do tej pewności. Uczeń odkrywa, że guru reprezentuje Boskość: guru żyje według boskich zasad, uwidacznia ducha Boga w swoim życiu, jest ucieleśnieniem „rzeczy niewidocznych".

Guru jest także przejawem bezwarunkowej boskiej miłości. Jest on tym, który, bez względu na to co robimy, nigdy nie zmienia się w stosunku do nas. Widzimy, że tej miłości możemy zaufać, a skoro widzimy ją dzień po dniu, rok po roku, nasza wiara w miłość guru rośnie. Stajemy się świadomi, że Bóg zesłał nam kogoś, kto będzie czuwał nad nami chwila po chwili, dzień po dniu, życie po życiu – kogoś, kto nigdy nie straci nas z oczu. To jest guru, dzięki któremu nasza wiara rozkwita po tym, jak uświadomimy sobie jego jedność z zawsze niezmiennym Duchem.

Związek między guru i uczniem wymaga pełnej wiary ze strony ucznia. Guru mówi do *ćeli*: „Moje dziecko, jeżeli chcesz poznać Boga, jeżeli chcesz tej mocy powrotu do Niego, musisz rozwinąć w sobie wiarę w To, czego nie możesz zobaczyć, czego nie możesz w tym momencie dotknąć, w To, co nie może być poznane postrzeganiem zmysłowym. Musisz uwierzyć Temu, który jest niewidoczny, ponieważ On jest jedyną rzeczywistością stojącą za wszystkim, co teraz wydaje się nam tak realne dla naszych ograniczonych ludzkich zmysłów".

Żeby pomóc uczniowi rozwinąć wiarę, guru mówi: „Podążaj za mną – ślepo, jeżeli zajdzie taka potrzeba". Ego wpływa ujemnie na nasze widzenie, ale wzrok guru jest nieskazitelny. Jego oczy mądrości są zawsze otwarte. Dla niego nie ma różnicy między wczoraj, dzisiaj i jutro. W jego boskiej percepcji przeszłość, teraźniejszość i przyszłość są tym samym. Paramahansa dźi często mówił: „W świadomości Boga nie ma czasu, nie ma przestrzeni; wszystko dzieje się w wiecznym teraz. Człowiek widzi tylko niewielkie ogniwo w łańcuchu wieczności, niemniej jednak myśli, że wie o niej wszystko". Guru, który jest w jedności z Bogiem, i którego świadomość została pozbawiona złudzeń, które zaciemniają umysł zwykłego człowieka, widzi wieczność. Widzi on obecny stan, w jakim uczeń się znajduje, widzi, czym *ćela* stara się zostać, zmagania przez jakie już przeszedł przez wszystkie swoje wcielenia oraz widzi przeszkody, jakie stoją przed nim. Tylko guru może powiedzieć: „To jest droga do Boga". Mimo tego, że uczeń musi iść po omacku, jego ścieżka jest bezpieczna i pewna.

Na początku *sadhany* należy słuchać i postępować z wiarą, nawet jeśli niektóre aspekty nauczania guru nie są w pełni zrozumiałe. Gurudewa zwykł czasami mówić, kiedy uczeń zaczynał dyskutować z nim na temat poleceń, które zostały wydane: „Nie mam czasu na twoją logikę. Po prostu rób, co mówię". Na początku *ćela* uważał to za niedorzeczne, ale ci, co bez szemrania byli posłuszni, odnieśli wielkie korzyści. Podążaj za naukami guru, ponieważ on widzi, on wie. Pomoże ci on wewnętrznie przez twoje uważne i chętne działanie, w wypełnianiu jego przykazań. Zaufanie do guru umożliwia mu pielęgnować wszechpotężną moc wiary w jego uczniu.

Mając w guru tego, który może dać nam bezpieczeństwo w Bogu, tego, którego rękę możemy wziąć, a on da nam pewność, że zostaniemy bezpiecznie przeprowadzeni przez ciemność *maji*, zaczynamy rozwijać wiarę potrzebną do poznania Boga.

Pomoc guru

Guru pomaga uczniowi na niezliczone sposoby. Być może najważniejszym z nich wszystkich jest to, że inspiruje *ćelę,* jako że guru jest ucieleśnieniem boskich atrybutów: On jest „mówiącym głosem milczącego Boga[6]" oraz wcieleniem najwyższej mądrości, i najczystszej miłości; on ucieleśnia cechy duszy, które odzwierciedlają Boga; symbolizuje drogę i Cel. Jezus Chrystus powiedział: „Ja jestem drogą, prawdą i życiem; nikt nie przychodzi do Ojca, chyba że przeze mnie." (J 14,6). Guru jest drogą, najwyższym przykładem s*adhany,* którą daje swoim uczniom, pokazuje boskie prawa Prawdy i uczy, jak zastosować je,

---

6 Z hołdu Paramahansy Joganandy dla swojego guru, swamiego Śri Jukteśwara, z książki *Whispers from Eternity*, wydanej przez Self-Realization Fellowship.

żeby poznać Boga. On daje *ćeli* duchową inspirację i energię, żeby mógł podążać ścieżką prowadzącą do wiecznego życia w Bogu.

Początkujący uczeń może dywagować, że skoro guru jest boski, to *ćela* nie może mieć nadziei, że będzie w stanie go naśladować. Jeden z takich uczniów poproszony przez Paramahansę Joganandę, żeby wykonał jakieś zadanie, które wydawało mu się wykraczające poza jego możliwości, zaprotestował mówiąc, że nie może tego zrobić. Odpowiedź Paramahansy dźi była szybka i zdecydowana.

– *Ja* potrafię to zrobić!

– Ale, Gurudewo, ty jesteś Joganandą. Ty jesteś jednym z Bogiem". Uczeń spodziewał się, że Paramahansa dźi powie: „Tak, masz rację. Nie śpiesz się. Kiedyś, ostatecznie odniesiesz sukces".

Ale Gurudewa odpowiedział: „Jest tylko jedna różnica między tobą i Joganandą. *Ja* wykonałem wysiłek; teraz *ty* musisz go wykonać!".

Paramahansa dźi nie pozwalał swoim uczniom wypowiadać dwóch sformułowań: „nie mogę" i „nie będę". Nalegał na to, by być gotowym do pojęcia wysiłku.

„Życie jest jak szybko płynąca rzeka", Paramahansa dźi często mówił. „Kiedy szukasz Boga, płyniesz pod prąd światowych skłonności, które przyciągają twój umysł do ograniczonej, materialnej i zmysłowej świadomości. Musisz podjąć wysiłek płynięcia „w górę rzeki" w każdym momencie. Jeżeli odpuścisz, silny prąd iluzji cię zabierze. Twój wysiłek musi być nieustający".

Wedyjskie pisma utrzymują, że wysiłek duchowy ucznia stanowi tylko dwadzieścia pięć procent duchowych sił potrzebnych do tego, by sprowadzić duszę z powrotem do Boga. Następne dwadzieścia pięć procent pochodzi z błogosławieństwa guru, a pozostałe pięćdziesiąt procent to dar łaski od Boga. W ten sposób wysiłek wielbiciela jest równy wysiłkowi guru, a udział Boga jest równy udziałowi guru i ucznia razem wziętych. Chociaż wysiłek ucznia stanowi tylko jedną czwartą całości, musi on iść naprzód i w pełni wywiązać się ze swojej części, a nie czekać, aby najpierw otrzymać błogosławieństwa od Boga i guru. Gdy wielbiciel dokłada wszelkich starań, aby wypełnić swoją część, błogosławieństwa guru i łaska Boża są automatycznie z nim.

Guru również pomaga uczniowi, przejmując znaczną część ciężaru jego karmy[7]. Może on też na polecenie Boga wziąć na siebie część masowej karmy ludzkości.

„Syn Człowieka nie przyszedł, aby być obsługiwanym, lecz aby usłużyć, i by oddać swoje życie na okup za wielu." (Mt 20, 28). Jezus zezwolił na to, aby jego ciało było ukrzyżowane po to, aby przejąć część osobistej karmy swoich uczniów oraz część masowej karmy ludzkości. Często obserwowaliśmy tę zdolność demonstrowaną

---

7 Skutki przeszłych działań w tym lub poprzednim życiu; z sanskryckiego *kri*, „czynić". Zobacz Słowniczek.

przez Paramahansę Joganandę. Czasami symptomy choroby, z której wyleczył jakąś osobę, na jakiś czas przenosiły się na jego ciało. Podczas wojny koreańskiej, w stanie *samadhi*, krzyczał z bólu, kiedy cierpiał wraz z rannymi i umierającymi żołnierzami na polu walki.

Zwierciadło doskonałości

Guru służy również jako lustro odzwierciedlające wizerunek cech charakteru ucznia. Kiedy uczeń mówi: „Ja chcę Boga", stawia siebie na ścieżce do doskonałości, ponieważ żeby poznać Boga musi on na nowo wyrazić swoją wrodzoną doskonałość duszy. Musi odrzucić ego wraz z wpływem, jakie ono ma na jego myślenie i działanie. Jeżeli uczeń stanie przed zwierciadłem guru z czcią, pobożnością, wiarą, posłuszeństwem i oddaniem, pokaże mu on wszystkie osobiste wady i słabości, które blokują mu drogę do Celu.

Chociaż Paramahansa dźi widział nasze wady i otwarcie wskazywał je otwartym uczniom, ale nigdy nie skupiał się na nich. Mówił o nich tylko wtedy, kiedy musiał zdyscyplinować ucznia dla jego duchowego dobra. Skupiał się głównie na pozytywnych cechach uczniów. Kiedy upominał kogoś, dodawał: „Obserwuj samego siebie, aby zrozumieć naturę swoich niedociągnięć, ich przyczyny i skutki, po czym wyrzuć to z umysłu. Nie rozpamiętuj wad. Zamiast tego, skup się na kultywowaniu i wyrażaniu przeciwnych, dobrych cech".

W ten sposób, jeżeli ktoś jest pełen wątpliwości,

powinien dążyć do praktykowania wiary. Jeżeli ktoś jest niespokojny, powinien afirmować i praktykować spokój: „Choć pożycz cnoty, jeżeli jej nie masz[8]".

Jak podążać za guru

Uczeń musi nauczyć się podążać za guru, naśladując jego przykład i sumiennie praktykując *sadhanę*, jaką otrzymał. Na początku, kiedy uczeń próbuje, zwykle nie jest w stanie wykonać tego zadania w sposób doskonały, ale nie może ustawać w wysiłkach, aby w końcu osiągnąć sukces.

Dla tych, którzy są na ścieżce Self-Realization Fellowship, podążanie za guru oznacza nasycenie codziennej naukowej medytacji oddaniem i na równoważeniu tej medytacji właściwym działaniem. Paramahansa dźi uczył nas z *Bhagawadgity*, że właściwe działanie – to znaczy działanie przypominające nam o Bogu – wykonywane jest bez pragnienia owoców tego działania, bez oczekiwania korzyści dla siebie, ale po to tylko, aby zadowolić Boga.

Niektórzy myślą, że życie w obecności guru oznacza spędzanie dni u jego stóp – medytowaniu w błogim *samadhi*, wchłanianiu jego słów mądrości. Nie takie było szkolenie, jakie myśmy otrzymali od naszego guru Paramahansy Joganandy dźi. My byliśmy bardzo aktywni i często w pełni zaangażowani w służbę. Gurudewa był niestrudzony w swojej pracy dla Boga i ludzkości; poprzez swój

---

8 Hamlet, akt 3, scena IV.

przykład uczył nas, abyśmy byli całkowicie zaangażowani. Być osobą uduchowioną, oznacza odrzucić siebie i samolubstwo. Jeżeli on pracował całą noc, my pracowaliśmy całą noc. Bezgraniczna miłość Gurudewy do ludzkości była czynnie wyrażana w jego niezachwianej służbie. Mimo to ciągle nam przypominał, żeby szukać równowagi między działalnością a głęboką medytacją, która prowadzi do komunii z Bogiem i do Samorealizacji.

„Nauki będą Guru"

„Kiedy odejdę"– powiedział Paramahansa dźi – „nauki będą guru. Ci, co wiernie kroczą ścieżką Self-Realization Fellowship i ćwiczą te techniki, odnajdą zestrojenie ze mną, z Bogiem i z Paramguru[9], którzy przekazali nam tę pracę". W naukach Self-Realization Fellowship można znaleźć wszelkie wskazówki i inspiracje, jakie są potrzebne, aby ufnie podążać ścieżką do Boga. Każdy członek SRF powinien nieustannie próbować żyć zgodnie ze wskazówkami Gurudewy. Jego nauki odnoszą się do każdego aspektu naszego życia. Nauki te nie mogą być dla nas tylko filozofią, ale drogą życia. Ci, którzy żyją zgodnie z naukami Paramahansy dźi, znają tę prawdę całkowicie: nie ma podziału między uczniem a guru. Niezależnie od tego czy guru jest w fizycznej postaci, czy też opuścił tę ziemię i zamieszkał w królestwie astralnym, przyczynowym,

---

9 Dosł. „guru poza"; w tym przypadku swami Śri Jukteśwar (guru Paramahansy Joganandy), Lahiri Mahaśaja (guru Śri Jukteśwara) i Mahawatar Babadźi (guru Lahiri Mahaśaji).

lub też w Duchu poza tymi światami, on jest zawsze blisko ucznia, który jest z nim zestrojony. To zestrojenie prowadzi do zbawienia. W swojej jedności z Bogiem prawdziwy guru jest wszechobecny; potrafi on, będąc w niebie, wyciągnąć rękę i pomóc uczniowi poznać Boga. Ta duchowa pomoc jest boską i wieczną obietnicą guru. Wielkie jest szczęście ucznia, którego droga zaprowadziła do prawdziwego guru. Jeszcze większe, jeżeli gorliwie dąży do doskonałości poprzez posłuszeństwo i prawdziwe oddanie się naukom guru.

Związek guru-uczeń jest wieczny

Guru jest wszechobecny. Jego pomoc, jego przewodnictwo i nauki mają swoją moc nie tylko w czasie jego krótkiego pobytu na ziemi, ale na zawsze. Jakże często nasz guru mówił: „Wielu prawdziwych wielbicieli pojawiło się za mojego życia. Poznaję ich z poprzednich wcieleń. Wielu jeszcze przyjdzie. Ja ich znam. Oni przyjdą, kiedy ja opuszczę to ciało". Pomoc guru szczerym wyznawcom nie ustaje, kiedy on opuszcza swoje ciało. Gdyby ustawała, nie byłby on prawdziwym guru. Świadomość prawdziwego guru jest wieczna: zawsze czujna, zawsze zestrojona, nieprzerwana – kiedy drzwi życia i śmierci są otwierane i zamykane. Jego świadomość ucznia i jego więź z nim są niezmienne.

Paramahansa dźi odnosił się do odpowiedzialności guru, gdy mówił o czasie, kiedy nie będzie go już z nami w fizycznej formie: „Zawsze pamiętaj, że kiedy opuszczę ciało, nie będę już mógł rozmawiać z tobą tym głosem, ale będę znał każdą myśl, która pojawi się w twojej głowie oraz każde działanie jakie wykonujesz". Tak jak Bóg jest wszechobecny, tak guru jest wszechobecny. On wie, co jest w umyśle i w sercu każdego ucznia. „Nigdy nie wejdę do życia tych ludzi, którzy tego sobie nie życzą" – mówił Paramahansa dźi – „ale dla tych, którzy dali mi to prawo, i dla tych, którzy szukają mojego przewodnictwa, jestem zawsze obecny. Moja świadomość jest zestrojona z nimi; jestem świadomy nawet najmniejszego poruszenia ich świadomości".

Nawet kiedy Gurudewa był wśród nas w fizycznym wcieleniu, uczył nas, abyśmy nie uzależniali się od jego osobowości, ale starali się zestroić z nim umysłem i świadomością. On zajmował się naszymi myślami i naszymi stanami świadomości. Rezultatem tego zestrojenia jest to, że nie ma znaczenia dzisiaj, czy Gurudewa jest obecny w fizycznej formie, czy nie. On jest zawsze z nami.

Wśród nas tutaj obecnych na tej Konwokacji z okazji pięćdziesiątej rocznicy są setki osób, które nie widziały Paramahansy dźi za jego życia. Mimo to zobaczcie, jakie korzyści z nauk Gurudewy każdy z was odniósł w swoich szczerych duchowych poszukiwaniach! Jego błogosławieństwa spłynęły na was, ponieważ on jest wszechobecny oraz ponieważ staliście się otwarci poprzez swoje oddanie, praktykowanie jego nauk oraz lojalność wobec instytucji, którą założył. Te właściwe działania i postawa dała tobie – uczniowi – głębokie duchowe zestrojenie z Paramahansą Joganandą.

Guru Diksza

Związek guru–uczeń jest formalnie ustanowiony przez błogosławieństwo Boga, kiedy uczeń otrzymuje *dikszę* – inicjację, czyli duchowy chrzest od guru lub poprzez kanał ustanowiony przez guru. Podczas inicjacji następuje wzajemna wymiana bezwarunkowej, wiecznej miłości i lojalności; jest to więź, w której uczeń przyrzeka, że zaakceptuje guru i będzie za nim wiernie podążał, a guru obiecuje, że zaprowadzi ucznia do Boga.

Częścią *dikszy* jest przekazanie przez guru duchowej techniki, która ma być dla ucznia środkiem do zbawienia, a którą uczeń obiecuje pilnie praktykować. W Self-Realization Fellowship *dikszą* jest przekazanie Krijajogi, albo podczas formalnej ceremonii inicjacji, albo – jeśli to nie jest możliwe dla wielbiciela – w *bidwat*, czyli w sposób nieceremonialny.

Praktykując nawet tak duchowo potężną technikę jak Krijajoga bez błogosławieństwa związku guru-uczeń brakuje istotnego składnika. Guru jasno określa warunki poprzedzające przyjęcie jakiegokolwiek wielbiciela na ucznia. Inicjacja musi więc być przyjęta w sposób, który spełnia te warunki i tym samym bezpośrednio łączy ucznia z guru; wtedy duchowa moc tego związku zaczyna działać w życiu wielbiciela.

Wielki hinduski poeta, święty Kabir, śpiewał pochwały guru tymi słowami:

To łaska mojego prawdziwego guru sprawiła, że poznałem nieznane;
Nauczyłem się od niego chodzić bez stóp, widzieć bez oczu, słyszeć bez uszu, pić bez ust, latać bez skrzydeł.
Przeniosłem moją miłość i medytację do krainy, gdzie nie ma słońca ani księżyca, dnia ani nocy.
Nie jedząc, smakowałem słodycz nektaru, a bez wody ugasiłem pragnienie.
Gdzie jest odzew zachwytu, tam jest pełnia radości. Przed kim można wyrazić tę radość?
Kabir mówi: Guru jest tak wielki, że nie da się go opisać słowami, i jest on wielkim szczęściem dla ucznia.

O autorce

Śri Mrinalini Mata, jedna z osób, która została osobiście wyszkolona i wybrana przez Paramahansę Joganandę do realizowania celów jego stowarzyszenia po jego śmierci, była prezydentem i duchowym przywódcą Self-Realization Fellowship/Yogoda Satsanga Society of India od 2011 roku aż do śmierci w 2017 roku. Poświęciła ponad 70 lat życia na bezinteresowną służbę w pracy dla dzieła Paramahansy Joganandy.

W 1945, w Świątyni SRF w San Diego, przyszła Mrinalini Mata po raz pierwszy spotkała Paramahansę Joganandę. Miała wtedy czternaście lat. Już kilka miesięcy później jej pragnienie poświęcenia swojego życia na szukanie i służenie Bogu spełniło się, gdy za pozwoleniem rodziców wstąpiła do aśramu w Encinitas w Kalifornii, stając się zakonnicą Self-Realization Fellowship.

W następnych latach (aż do 1952 roku, kiedy Guru odszedł z tego świata) codzienne spędzanie razem czasu sprawiło, że Paramahansa dźi mógł poświęcać wiele uwagi duchowemu treningowi młodej zakonnicy. (Skończyła ona również formalną edukację w miejscowych szkołach). Od samego początku jej życia w aśramie Guru dostrzegał jej wartość i otwarcie mówił innym uczniom o jej przyszłej roli, oraz osobiście szkolił ją w przygotowywaniu jego pism i przemówień do publikacji po jego odejściu.

Mrinalini Mata (której imię odnosi się do kwiatu lotosu, zazwyczaj uważanego w Indiach za symbol czystości i duchowego rozwoju) była przez wiele lat redaktorem naczelnym książek, *Lekcji* i magazynów SRF. Wśród prac, które były opublikowane dzięki jej staraniom, jest mistrzowski komentarz Paramahansy Joganandy do czterech Ewangelii (pod tytułem *The Second Coming of Jesus Christ: The Resurrection of Jesus Christ*. Są także uznane przez krytyków jego tłumaczenie i komentarze do Bhagawadgity (*God Talks with Arjuna)*, kilka tomów poezji i inspirujących pism; trzy obszerne antologie zebranych wykładów i esejów.

Nagrania wykładów Śri Mrinalini Maty na płytach kompaktowych

Look Always to the Light

Living in Attunement With the Divine

The Yoga Sadhana That Brings God's Love and Bliss

Guided Meditations for Christmastime

Embracing and Sharing the Universal Love of God

Tuning In to God's Omnipresence

The Guru: Messenger of Truth

The Interior Life

If You Would Know the Guru

Paramahansa Jogananda
(1893–1952)

„Ideał miłości do Boga i służby dla ludzkości znalazł swój pełen wyraz w życiu Paramahansy Joganandy. [...] Chociaż większą część swojego życia spędził poza Indiami, to zajmuje godne miejsce pośród naszych wielkich świętych. Jego dzieło nieustannie wzrasta i błyszczy coraz jaśniej, przyciągając zewsząd ludzi na ścieżkę pielgrzymki Ducha."

– z hołdu złożonego przez rząd indyjski Paramahansie Jogananandzie z okazji wydania pamiątkowego znaczka na jego cześć.

Urodzony 5 stycznia 1893 roku w Indiach, Paramahansa Jogananda poświęcił swoje życie, pomagając ludziom wszystkich ras i wyznań uświadomić sobie i wyrazić pełniej w ich życiu prawdziwe piękno, szlachetność i prawdziwą boskość ludzkiego ducha.

Po ukończeniu studiów na Uniwersytecie Kalkuckim w 1915 roku, Śri Jogananda przyjął oficjalne śluby zakonnika jednego z najczcigodniejszych zakonów monastycznych – Zakonu Swamich. Dwa lata później rozpoczął swoją życiową misję, zakładając szkołę z mottem „jak żyć" – od tego czasu rozrosła się ona do siedemnastu instytucji szkolnych w całych Indiach – w której tradycjonalne przedmioty akademickie oferowane były wraz z *ćwiczeniami* jogi i instruktażem w ideałach duchowych. W 1920 roku zaproszony został jako delegat z Indii na Międzynarodowy

Kongres Liberałów Religijnych w Bostonie. Jego wystąpienie przed Kongresem i następujące po nim wykłady na Wschodnim Wybrzeżu przyjęte zostały z entuzjazmem. W 1924 roku wyruszył na transkontynentalną podróż z wykładami.

Przez kolejne trzy dekady Paramahansa Jogananda gruntownie przyczynił się dalekosiężnie do większej świadomości i uznania Zachodu dla duchowej mądrości Wschodu. W Los Angeles ustanowił międzynarodową siedzibę dla Self-Realization Fellowship – niesekciarskiego społeczeństwa religijnego, które założył w 1920 roku. Poprzez swoje pisma, liczne tournée z wykładami i zakładanie świątyń i centrów medytacyjnych wprowadził setki tysięcy poszukiwaczy prawdy w starożytną naukę i filozofię jogi oraz jej uniwersalne metody medytacji.

Obecnie duchowe i humanitarne dzieło rozpoczęte przez Paramahansę Jogananadę kontynuowane jest pod przewodnictwem brata Chidanandy, prezydenta Self-Realization Fellowship/Yogoda Satsanga Society of India. Oprócz wydawania jego pism, wykładów i nieformalnych przemówień (wraz z obszerną serią *Lekcji Self-Realization Fellowship* do studiowania w domu), stowarzyszenie również nadzoruje świątynie, miejsca odosobnienia oraz ośrodki medytacji na całym świecie, a także wspólnoty monastyczne Self-Realization Fellowship i *Światowy* Krąg Modlitewny.

Dr. Quincy Howe Jr., profesor Katedry Języków Starożytnych w Scripps College, napisał: „Paramahansa Jogananda przywiózł na Zachód nie tylko odwieczną indyjską obietnicę Bożego urzeczywistnienia, ale również i praktyczną metodę, dzięki której duchowi aspiranci ze wszystkich klas społecznych mogą szybko podążać do celu. Doceniane uprzednio na Zachodzie jedynie na najbardziej wzniosłym i abstrakcyjnym poziomie, duchowe dziedzictwo Indii jest obecnie dostępne jako praktyka i doświadczenie dla wszystkich, którzy aspirują do poznania Boga, nie w życiu pośmiertnym, ale tutaj i teraz [...]. Jogananda umieścił w zasięgu wszystkich najbardziej ekstatyczne metody kontemplacji".

Słowniczek do serii „Jak żyć"

aśram – duchowa pustelnia, często klasztor

Aum (Amen, Om) – Rdzeń sanskryckiego słowa, czyli podstawa wszystkich dźwięków. Dźwięk symbolizujący ten aspekt Boga, który kreuje i podtrzymuje wszystkie rzeczy; Wibracja Kosmiczna. *Aum* hinduskich Wed stało się świętym słowem *Hum* Tybetańczyków, *Amin* muzułmanów i *Amen* Egipcjan, Greków, Rzymian, Żydów i chrześcijan. Najważniejsze religie świata deklarują, że wszystkie powstałe rzeczy wzięły początek z kosmicznej wibrującej energii *Aum*, czyli Amen, Słowa, czyli Ducha Świętego. „Na początku było Słowo, a Słowo było u Boga i Bogiem było Słowo. [...] Wszystko przez Nie [Słowo, czyli Aum] się stało, a bez Niego nic się nie stało, [z tego], co się stało" (J 1,1-3).

awatar – Pochodzi od sanskryckiego słowa *avatara* („zejście"), oznaczające zejście Boskości do ciała. Kogoś kto osiągnął zjednoczenie z Duchem, a następnie powraca na ziemię, aby pomóc ludzkości, nazywamy awatarem.

Bhagawadgita – („Pieśń Pana"). Część starożytnej indyjskiej epopei *Mahabharaty*, przedstawiona w formie dialogu między awatarem Panem Kryszną i jego uczniem Ardźuną. Głęboki traktat o nauce jogi i ponadczasowa recepta na szczęście i sukces w codziennym życiu.

Bhagawan Kryszna (Pan Kryszna) – Awatar, który żył w Indiach wiele wieków przed epoką chrześcijańską. Jego nauki o jodze zaprezentowane zostały w Bhagawadgicie. Jednym ze znaczeń słowa *Kryszna* podanym w pismach hinduskich jest „Wszechwiedzący Duch". Stąd *Kryszna*, podobnie jak Chrystus, jest tytułem oznaczającym wielkość awatara, jego jedność z Bogiem (Zobacz *Świadomość Chrystusowa*).

Chrystusowy ośrodek – ośrodek koncentracji i woli w punkcie między brwiami; siedziba Chrystusowej Świadomości, duchowe oko.

Guru – nauczyciel duchowy. Guru Gita (werset 17) trafnie opisuje guru jako „rozpraszającego ciemność" (od *gu*, „ciemność" i *ru*, „ten, który rozprasza"). Słowo guru jest często mylnie używane w odniesieniu do dowolnego nauczyciela lub instruktora. Prawdziwym oświeconym przez Boga guru jest ten, kto osiągając panowanie nad sobą, uświadomił sobie swoją tożsamość z wszechobecnym Duchem. Wyłącznie taki ktoś ma kwalifikacje, aby prowadzić innych w ich wewnętrznej duchowej podróży.

Najbliższym angielskim odpowiednikiem słowa *guru* jest słowo *Mistrz*. Uczniowie Paramahansy Joganandy często używają tego określenia jako wyraz szacunku, mówiąc o nim lub odwołując się do niego.

Jaźń – pisana dużą literą oznacza *atmana*, czyli duszę, boską esencję człowieka, w odróżnieniu od zwykłego „ja", którym jest ludzka osobowość, czyli ego. Jest ona zindywidualizowanym Duchem, którego istotą jest błoga szczęśliwość – wiecznie trwała, wiecznie świadoma i wiecznie nowa.

joga – Słowo to (od sanskryckiego *judź* – *łączyć, jednoczyć*) oznacza zjednoczenie się indywidualnej duszy z Duchem; terminem tym określa się także metody osiągania tego celu. Istnieją rozmaite metody. Ta nauczana przez Paramahansę Joganandę jest radźajogą, czyli jogą „królewską" lub „kompletną", która koncentruje się wokół praktyki naukowych metod medytacji. Mędrzec Patańdźali, najwybitniejszy propagator jogi w starożytności, wyodrębnił osiem etapów, przez które przechodzi radźajogin, by ostatecznie osiągnąć *samadhi*, czyli jedność z Bogiem. Są to: 1) *jama,* moralne postępowanie, 2) *nijama,* nakazy jogiczne, 3) *asana,* prawidłowa pozycja ciała pozwalająca wyciszyć niepokój cielesny, 4) *pranajama,* panowanie nad *pranami,* subtelnymi prądami życiowymi, 5) *pratjahara,* interioryzacja, 6) *dharana,* koncentracja, 7) *dhjana,* medytacja, 8) *samadhi,* doznania nadświadome.

karma – skutki przeszłych czynów z tego żywota lub z poprzednich. Prawo karmy to prawo akcji i reakcji, przyczyny i skutku, siewu i zbioru. Poprzez swoje myśli i działania istoty ludzkie stają się twórcami własnego losu. Każda energia, którą człowiek sam, mądrze lub niemądrze, wprawił w ruch, musi powrócić do niego jako punktu wyjściowego, podobnie jak okrąg, który nieuchronnie musi się dopełnić. Karma podąża za człowiekiem od wcielenia do wcielenia, aż się wypełni lub zostanie duchowo przekroczona (zob. *reinkarnacja*).

Kryszna – zob. *Bhagawan Kryszna*.

Krijajoga – święta nauka duchowa powstała tysiące lat temu w Indiach. Rodzaj radźajogi („radźa" znaczy „królewska" lub „kompletna"), która obejmuje pewne wyższe techniki medytacyjne, których praktykowanie prowadzi do bezpośredniego, osobistego doświadczenia Boga. *Krijajoga* wyjaśniona została w dwudziestym szóstym rozdziale *Autobiografii jogina* i nauczą się jej studenci *Lekcji Self-Realization Fellowship*, którzy spełnią określone wymagania duchowe.

maja – Moc ułudy, tkwiąca w naturze stworzenia, z powodu której Jedyny wydaje się liczny. *Maja* jest zasadą względności, rozdzielenia, kontrastu, dwoistości, stanów opozycyjnych; „Szatan" (dosłownie po hebrajsku „przeciwnik") u starotestamentowych proroków. Paramahansa Jogananda napisał:

„Sanskryckie słowo *maja* znaczy «mierniczy»; jest to magiczna moc w stworzeniu, dzięki której w Niemierzalnym i Nierozdzielnym istnieją pozorne ograniczenia i podziały. [...] W Bożym planie i zabawie (*lili*) jedyną funkcją Szatana, czyli *maji* jest próba odciągnięcia człowieka od Ducha ku materii, od Rzeczywistego ku nierzeczywistemu. [...] *Maja* tworzy zasłonę przemijalności w Przyrodzie [...]. To zasłona, którą każdy człowiek musi podnieść, aby poza nią ujrzeć Stwórcę, Niezmiennego, wieczną Rzeczywistość.

oko duchowe – pojedyncze oko intuicji i duchowego postrzegania w Chrystusowym (*Kutastha*) ośrodku pomiędzy brwiami; przejście do wyższych stanów świadomości. Podczas głębokiej medytacji pojedyncze, czyli duchowe oko staje się widoczne jako jaskrawa gwiazda otoczona sferą niebieskiego światła, które z kolei otacza olśniewająca aureola złotego światła. To wszechwiedzące oko jest różnie określane w pismach świętych jako trzecie oko, gwiazda Wschodu, wewnętrzne oko, gołębica zstępująca z nieba, oko Śiwy i oko intuicji. „Jeśli zatem twoje oko będzie jedno, całe twoje ciało będzie pełne światła". [...] Bacz więc, by światło, które jest w tobie, nie było ciemnością" (Mt 6,22).

paramahansa – godność duchowa nadawana człowiekowi, który osiąga najwyższy stan nieprzerwanej duchowej bliskości z Bogiem. Może ją nadać tylko prawdziwy guru uczniowi do niej uprawnionemu. Swami Śri Jukteśwar przyznał ten tytuł Paramahansie Joganandzie w roku 1935.

reinkarnacja – Dyskusję na temat reinkarnacji można znaleźć w czterdziestym trzecim rozdziale *Autobiografii jogina* Paramahansy Joganandy. Jak tam wyjaśniono, przeszłe działania ludzi zgodnie z prawem karmy pozostawiają za sobą skutki, które przyciągają ich z powrotem na ten materialny świat. Poprzez ciąg narodzin i śmierci wielokrotnie powracają na ziemię, aby tutaj przejść przez doświadczenia, które są owocami tych przeszłych czynów, i kontynuować proces duchowej ewolucji, która ostatecznie prowadzi do uświadomienia sobie wrodzonej doskonałości duszy i do zjednoczenia z Bogiem.

samadhi – duchowa ekstaza, doświadczenie nadświadome;

ostatecznie jedność z Bogiem jako najwyższą wszechprzenikającą Rzeczywistością.

Samorealizacja – uświadomienie sobie swojej prawdziwej tożsamości jako Jaźni, jedności z uniwersalną świadomością Boga. Paramahansa Jogananda napisał: „Samorealizacja to poznanie – ciałem, umysłem i duszą – że stanowimy jedno z wszechobecnością Boga, że nie musimy się modlić, aby na nas zstąpiła, że jest ona zawsze nie tylko blisko nas, ale że wszechobecność Boga jest naszą wszechobecnością i że jesteśmy już Jego częścią w takim samym stopniu teraz, w jakim kiedykolwiek będziemy. Musimy jedynie pogłębić nasze poznanie".

Szatan – Zob. *maja*.

świat astralny – subtelny świat światła i energii, który znajduje się poza fizycznym wszechświatem. Każda osoba, każdy przedmiot, każda wibracja w sferze fizycznej ma swój astralny odpowiednik, ponieważ wszechświat astralny (niebo) jest „odbitką" wszechświata materii. Świat astralny i jeszcze subtelniejszy świat przyczynowy, czyli ideowy świat myśli, opisane są *Autobiografii jogina* Paramahansy Joganandy w rozdziale 43.

Świadomość Chrystusowa – Świadomość Boga rzutowana przezeń w świat, która jest immanentna w całym stworzeniu. W chrześcijańskim Piśmie Świętym to „syn jednorodzony", jedyne czyste odbicie Boga Ojca w stworzeniu; w hinduskich pismach świętych to *Kutastha Ćajtanja*, kosmiczna inteligencja Ducha wszechobecnego w stworzeniu.

Jest to kosmiczna świadomość, jedność z Bogiem, przejawiona przez Jezusa, Krysznę i innych awatarów. Wielcy święci i jogini znają ją jako stan medytacyjny *samadhi*, w którym ich świadomość staje się identyczna z boską inteligencją w każdej cząstce stworzenia; odczuwają oni cały wszechświat jako własne ciało.

Świadomość Kosmiczna – Absolut; Duch istniejący poza stworzeniem; także medytacyjny stan *samadhi*, stan jedności z Bogiem zarówno poza wibracyjnym stworzeniem, jak i wewnątrz niego.

Książki Paramahansy Joganandy w języku polskim

Do nabycia na www.srfbooks.org lub w innych księgarniach internetowych

Autobiografia jogina

Joga Jezusa

Jak można rozmawiać z Bogiem

Medytacje metafizyczne

Naukowe afirmacje uzdrawiające

Naukowy aspekt religii

Pamiętnik duchowy

Prawo sukcesu

Tam, gdzie Światło

Mądrości Paramahansy Joganandy

Spokój wewnętrzny

W sanktuarium duszy

Żyć nieustraszenie

Dlaczego Bóg dopuszcza zło

Jak odnieść zwycięstwo w życiu

Książki innych autorów w języku polskim

Związek guru-uczeń
Śri Mrinalini Mata

Książki Paramahansy Joganandy w języku angielskim

Autobiography of a Yogi

God Talks With Arjuna: The Bhagavad Gita
— *A New Translation and Commentary*

The Second Coming of Christ:
The Resurrection of the Christ Within You
— *A Revelatory Commentary on the Original Teachings of Jesus*

The Yoga of the Bhagavad Gita

The Yoga of Jesus

The Collected Talks and Essays

Volume I: Man's Eternal Quest
Volume II: The Divine Romance
Volume III: Journey to Self-realization

Wine of the Mystic:
The Rubaiyat of Omar Khayyam
— A Spiritual Interpretation

Songs of the Soul

Whispers from Eternity

Scientific Healing Affirmations

In the Sanctuary of the Soul:
A Guide to Effective Prayer

The Science of Religion

Metaphysical Meditations

Where There Is Light
—Insight and Inspiration for Meeting Life's Challenges

Sayings of Paramahansa Yogananda

Inner Peace
—How to Be Calmly Active and Actively Calm

Living Fearlessly
—Bringing Out Your Inner Soul Strength

The Law of Success

How You Can Talk With God

Why God Permits Evil and How to Rise Above It

To Be Victorious in Life

Cosmic Chants

Nagrania audio Paramahansy Joganandy

Beholding the One in All

The Great Light of God

Songs of My Heart

To Make Heaven on Earth

Removing All Sorrow and Suffering

Follow the Path of Christ, Krishna, and the Masters

Awake in the Cosmic Dream

Be a Smile Millionaire

One Life Versus Reincarnation

In the Glory of the Spirit

Self-Realization: The Inner and the Outer Path

Pozostałe publikacje
Self-Realization Fellowship

The Holy Science
Swami Sri Yukteswar

Only Love
—Living the Spiritual Life in a Changing World
Sri Daya Mata

Finding the Joy Within You:
Personal Counsel for God-Centered Living
Sri Daya Mata

Intuition
—Soul Guidance for Life's Decisions
Sri Daya Mata

God Alone
—The Life and Letters of a Saint
Sri Gyanamata

"Mejda"
—The Family and the Early Life
of Paramahansa Yogananda
Sananda Lal Ghosh

Self-Realization
(czasopismo założone przez Paramahansę Joganandę w 1925 r.)

Nagrania DVD

Awake: The Life of Yogananda
– film nakręcony przez CounterPoint Films

Kompletny katalog książek i nagrań audio/wideo – zawierający rzadko spotykane archiwalne nagrania Paramahansy Joganandy – jest dostępny na żądanie na www.srfbooks.org.

Lekcje
Self-Realization Fellowship

Naukowe techniki medytacji nauczane przez Paramahansę Joganandę, w tym *Krijajoga,* jak również jego wskazówki dotyczące wszystkich aspektów zrównoważonego życia duchowego — przedstawione są w *Lekcjach Self-Realization Fellowship.*

Więcej informacji można znaleźć na stronie
www.srflessons.org.

Self-Realization Fellowship
3880 San Rafael Avenue • Los Angeles, CA 90065-3219
TEl +1(323) 225-2471 • FAX +1(323) 225-5088

www.yogananda.org

Opublikowane również przez Self-Realization Fellowship

AUTOBIOGRAFIA JOGINA
Paramahansy Joganandy

Ta ciesząca się ogromnym uznaniem autobiografia to jednocześnie pasjonująca historia niezwykłego życia i wnikliwe, zapadające w pamięć spojrzenie na najistotniejsze tajemnice ludzkiego bytu. Uznana po pierwszym jej wydaniu za doniosłe dzieło literatury duchowej, pozostaje nadal jedną z najpowszechniej czytanych i najwybitniejszych książek z zakresu mądrości Wschodu, jakie dotąd opublikowano.

Z ujmującą szczerością, elokwencją i dowcipem Paramahansa Jogananda przedstawia inspirującą kronikę swojego życia – doświadczenia niezwykłego dzieciństwa, spotkania z wieloma świętymi i mędrcami podczas swoich młodzieńczych poszukiwań oświeconego nauczyciela, które prowadził w całych Indiach, dziesięć lat nauki w pustelni szanowanego nauczyciela jogi oraz trzydzieści lat życia, i nauczania w Ameryce. Opisuje również swoje spotkania z Mahatmą Gandhim, Rabindranathem Tagore, Lutherem Burbankiem, katolicką stygmatyczką Teresą Neumann i innymi słynnymi postaciami duchowymi Wschodu i Zachodu. Książka zawiera także obszerny materiał, który [Paramahansa Jogananda] dodał już po ukazaniu się w 1946 roku pierwszego jej wydania oraz końcowy rozdział o ostatnich latach jego życia.

Uznana za klasyczne dzieło współczesnej literatury duchowej, *Autobiografia jogina* wprowadza nas głęboko w starożytną naukę jogi. Została przetłumaczona na wiele języków i jest powszechnie studiowana w college'ach i uniwersytetach. Obecna stale na liście bestsellerów, książka znalazła sobie drogę do serc milionów czytelników na całym świecie.

„Niebywała historia". – *The New York Times*

„Fascynujące i opatrzone klarownymi komentarzami studium". – *Newsweek*

„Nigdy dotąd nie napisano w języku angielskim ani w żadnym języku europejskim równie doskonałej prezentacji jogi". – *Columbia University Press*

www.ingramcontent.com/pod-product-compliance
Lightning Source LLC
Chambersburg PA
CBHW031432040426
42444CB00006B/773